Día de Acción de Gracias

Lori Dittmer

semillas del saber

CREATIVE EDUCATION • CREATIVE PAPERBACKS

Publicado por Creative Education y Creative Paperbacks
P.O. Box 227, Mankato, Minnesota 56002
Creative Education y Creative Paperbacks son marcas editoriales de The Creative Company
www.thecreativecompany.us

Diseño de Ellen Huber
Producción de Colin O'Dea
Dirección de arte de Rita Marshall
Traducción de TRAVOD, www.travod.com

Fotografías de Alamy (Wolfgang Diederich), Creative Commons Wikimedia (Frank Schulenburg), Getty Images (KeithBishop/DigitalVision Vectors), iStockphoto (amphotora, AnthiaCumming, BDMcIntosh, cobraphotography, Creativeye99, DNY59, feellife, GummyBone, jaflippo, jgroup, kajakiki, Liderina, monkeybusinessimages, PetricaR, pilipphoto, Roxiller, Saddako), Shutterstock (Bochkarev Photography)

Información del Catálogo de publicaciones de la Biblioteca del Congreso is available under PCN 2019957368.
ISBN 978-1-64026-448-9 (library binding)
ISBN 978-1-62832-983-4 (pbk)

TABLA DE CONTENIDO

¡Hola, Día de Acción de Gracias!

El Día de Acción de Gracias es un día de gratitud.

En los Estados Unidos, se celebra el cuarto jueves de noviembre. En Canadá, es el segundo lunes de octubre.

Los pavos hacen que la gente piense en el Día de Acción de Gracias.

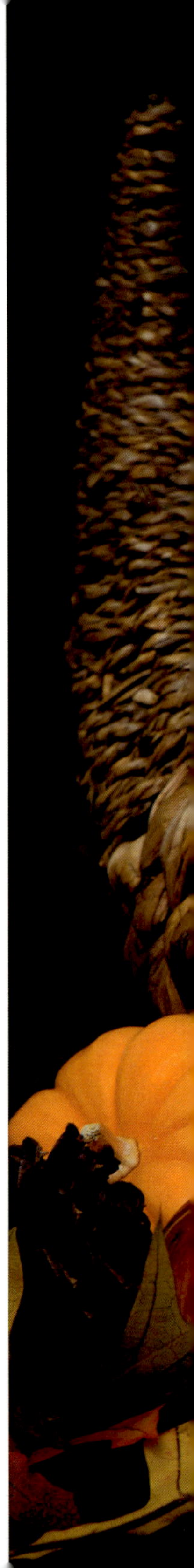

El **cuerno de la abundancia** contiene todo tipo de alimentos.

Las personas llegaron a Norteamérica desde diferentes países. Se encontraron con pueblos que vivían allí desde hacía mucho tiempo.

Las primeras celebraciones de Acción de Gracias fueron comidas de la cosecha que todos compartieron.

El Día de Acción de Gracias se convirtió en un feriado americano en 1863.

Ahora, lo celebra gente en muchos lugares.

A la gente le gusta disfrutar de cenas con pavo.

También
comen papas,
arándanos,
y pastel.

Las familias dan gracias. Algunos miran fútbol americano o juegan.

Pasan tiempo con sus seres queridos.

¡Adiós, Día de Acción de Gracias!

Dibuja el Día de Acción de Gracias

maíz

calabaza

cuerno de la abundancia

pavo

Palabras que debes saber

cosecha: la época del año en que los cultivos están listos para ser recolectados

cuerno de la abundancia: una canasta con forma de cuerno que rebosa de comida

gratitud: la sensación de estar agradecido

Bank

Índice